www.ingramcontent.com/pod-product-compliance
Lightning Source LLC
LaVergne TN
LVHW071709180726
843512LV00002B/593

ما هُوَ الإسْلام؟

كتابة، رسم وإخراج: سنا شهاب

الْإِسْلامُ هُوَ دينٌ مِنْ عِنْدِ اللهِ تَعالى.

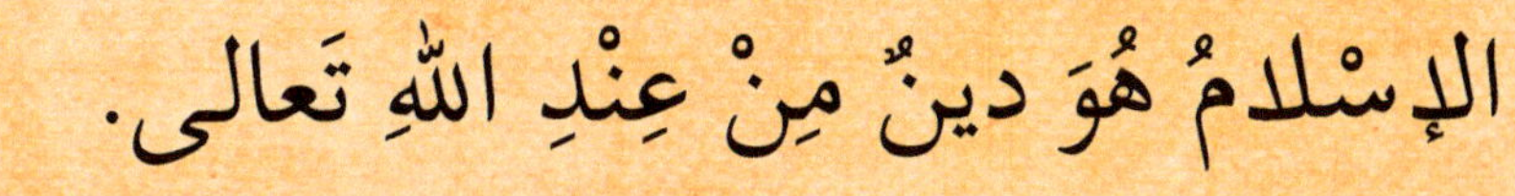

رَسولُ اللهِ مُحَمَّدٌ صَلَّى اللهُ عَلَيْهِ وَسَلَّمَ عَلَّمَنا دينَ الإِسْلام.

الإِسْلامُ هُوَ طاعَةُ اللهِ تَعالى، فَلا نَعْبُدُ أَحَدًا غَيْرَه.

5

الإِسْلامُ دينٌ لِلنّاسِ كُلِّهِمْ مَهْما كانَ بَلَدُهُمْ أَوْ أَصْلُهُمْ أَوْ لَوْنُهُمْ.

الإِسْلامُ لا يُفَرِّقُ بَيْنَ قَوِيٍّ أَوْ ضَعيفٍ ولا غَنِيٍّ أَوْ فَقيرٍ.

قَوِيٌّ

ضَعيفٌ

فَقِيرٌ
غَنِيٌّ

الْمُسْلِمُ يُحِبُّ أَخَاهُ الْمُسْلِمَ وَيُسَاعِدُهُ وَلَا يُؤْذِيهِ.

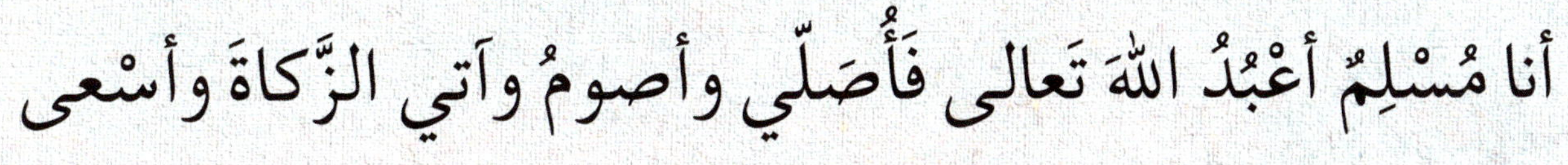

أَنا مُسْلِمٌ أَعْبُدُ اللهَ تَعالى فَأُصَلِّي وَأَصومُ وَآتِي الزَّكاةَ وَأَسْعى إِلى كُلِّ خَيْرٍ.

13

الإِسْلامُ دينُ السَّلام، الرَّحْمَة، الحُبِّ والتَّعاوُن.

14

الحَمْدُ لله عَلى نِعْمَةِ الإِسْلام.